Christian Morgenstern

Es ist Nacht, und mein Herz kommt zu dir

Christian Morgenstern (1871–1914)

Christian Morgenstern

Es ist Nacht, und mein Herz kommt zu dir

Liebesgedichte

marixverlag

»Ich liebe dich durch Nacht und Dunkel
hin wie der Magnet den Berg,
nach dem er weist.«

Christian Morgenstern

Inhalt

BIST DU, HERZ, NICHT TRUNKEN
VON SO VIELEM GLÜCK?

An solch einem Vorabend der Liebe –
du weißt noch nicht, was da werden wird,
aber dein Herz ist so süß bewegt,
in den reinen Abend so aufgelöst …
großer Sonne, die rot
hinter die blauen Berge sinkt,
trinkst du träumend dein Glas nach …
und die gedämpfte Musik,
die du von fröhlichem Volk
fernher hörst,
spinnt dich nur tiefer ein …
und du fühlst,
wie ein anderes Haupt
leis deiner Schläfe sich schmiegt
und mit dir hinausträumt
aus braunen geliebten Augen …
und du schließest die deinen
und sitzest so lange,
ganz still und vergessen;
und dann stehst du auf
und küssest ein paar
geschenkte Blumen
und vergräbst dein Gesicht ganz
in schmeichelnde Blüten …
An solch einem Vorabend der Liebe …

Kind, wie eine Wolke
hüllt dein Bild mich ein,
macht in Welt und Volke
meinen Schritt allein.

Wunderlich Gebärden
vor dem Wanderschuh!
Alle Dinge werden
mir ein einzig Du.

Mädchen, wardst die Welt du?
Welt, wardst du mein – Weib?
Bist, urewig Zelt, du –
mein – der Gottheit – – Leib?

Den nur Liebeswerben
voll erfühlen kann?
Wenn in ihn zu sterben
Gott vermag, der – Mann? …

Geheime Verabredung

Glühend zwischen dir und mir
Julinächte brüten;
gleiche Sterne dort und hier
unsern Schlaf behüten.

Wähl das schönste Sternelein,
will das gleiche tuen; –
morgen droben Stelldichein
auf geheimen Schuhen.

Gibst du nur nichts anderm Raum,
als mich dort zu finden,
wird ein gleicher süßer Traum
dich und mich verbinden.

Junge Ehe

Er wies nichts ab in diesen Wintertagen,
er wollte gehn, wohin man immer schriebe:
Nur um ihr nachts im Wagen dann zu sagen,
wie sehr er sie, wie sehr er sie nur liebe.

Und sie zu küssen in erlöstem Jubel
im dunklen Wagen leis und ohne Ende,
und ihr zu sagen, wie nach all dem Trubel
er nur an ihr, in ihr Genügen fände.

O du Ergriffenheit des Liebenden,
die jedem Wort Sandalen unterbindet,
seidne Sandalen, dass es sanfter trete;
und jedem Scherz, dass er nur ja nicht schmerze,
die feinen Spitzen umbiegt, gleich als wenn du
mit einer Gerstenähre jemand schrecken wolltest
und sie im letzten Augenblick mit zärtlicher
Liebkosung über seine Wange streichst,
dass sich die Fäden weich zur Seite biegen …

Ein Gleichnis

So wie das Fenster anfangs nur *ein* Schimmer
von künstlichen, doch blinden Eiskristallen,
durch die gedämpft ins winterliche Zimmer
der Morgensonne liebe Strahlen fallen –

doch mehr und mehr löst sich der Reif und Glimmer,
verästeln sich die Blumen zu Korallen,
und lang bevor die Mittagsglocken hallen,
bestehn auch diese Taugebilde nimmer –

der ganzen Sonne liegt der Raum nun offen,
das Glas ward klar und lässt nun ohne Schleier
den schöpferischen Segen einwärts fluten – –

so wehrt, seit deine Liebe mich getroffen,
mein Sinn, vom Eis der Abwehr täglich freier,
kaum länger ihren unverwandten Gluten.

Er:
»Bist du, Herz, nicht trunken
von so vielem Glück?«
Sie:
»Ach, in dich versunken,
segn' ich jedes Stück
meines armen Lebens,
das so reich nun ist,
dass an ihm vergebens
alle Not sich misst.
Worden bin ich Schale
einem goldnen Wein;
ruhsam aus mir strahle
nun sein voller Schein
in die blaue Tiefe
der Unendlichkeit; –
o dass er entschliefe
in mir aller Zeit!«

Süße Überredung

O wie so lieb, als ich, mein zartes Vöglein,
dein leise widerstehndes Köpfchen nahm
und deinen Schelmenmund herzinnig küsste!
In Anmut löstest du mein Wesen auf.
Dein Liebreiz übersonnte den Geliebten,
dass er sich gab glückselig-weichen Worts
und seines Ernstes kindlich-froh vergaß.

Und lange noch, nachdem ich dich verlassen,
sah ich in tiefer Güte auf die Welt
und segnete um deiner blauen Augen
mit einem großen Segen alles Sein.

Morgenstimmung

Wenn so die Nacht die treugewölbten Hände
von ihrer Erde stillem Antlitz hebt,
und in die kühlen, duftenden Gelände
der erste Hauch des jungen Morgens bebt –

da lass uns Arm in Arm nach Osten gehen
bis vor das Tor der großen, stummen Stadt,
und Schläf an Schläf die junge Sonne sehen,
die uns so süßem Sein erschaffen hat.

Den langen Tag bin ich dir fern gewesen,
bis nun beim abendlichen Licht
dir wiederum mein ganzes Wesen
wie eine Knospe auseinanderbricht

und Dir erduftet, Dir erblühet,
als seiner Sonne, die ihm frommt.
Des Tags Gestirn hat mir umsonst geglühet;
nun kommt die Nacht, und *meine* Sonne kommt.

Dein Telegramm! – Jetzt bin ich wieder heiter.
So wie ein Pfeil entschnellt unwilligem Bogen,
ist meine Not ins Blau hinweggeflogen.

Die Seime ruht und fiebert nur noch lind
und summt so etwas wie »du schlimmes Kind!«
O lichte Tage, nun rollt weiter, weiter!

An die Geliebte

Sternengold entreiß ich dem nächtlichen All,
schmiede draus ein leuchtendes Diadem,
und um deine züchtige Stirne
flecht ich mit zitternder Hand es, Geliebte!

Sonnengold entwend ich dem Tagesgestirn,
winde draus einen siebenfach strahlenden Ring,
und an deine Hand, die reine,
füg ich in sprachlosem Glück ihn, Geliebte!

Blütenduft erhasch ich und Mondenglanz,
webe draus einen schimmernden Schleier dir,
und um deine Gestalt, die keusche,
lege ich zärtlich und leis ihn, Geliebte!

Was mir etwa entfiel beim wonnigen Werk,
raff ich auf und spinne mir Saiten draus,
süße, selige Weisen tönend –
alle für dich nur, für dich nur, Geliebte!

I

Wir merkten bald im Reden-Wechselspiel,
wie wir zu hundert bunten Dingen standen;
und eine Kinderfreude überfiel
uns heimlich, da wir uns so ähnlich fanden.

II

Wir wussten uns nichts mehr zu sagen,
und was wir sagten, wurde seicht.
Von der verwirrendsten der Fragen
fühlten wir unsre Herzen schlagen.

Und beide zitterten wir leicht.

Von Frühlingsbuchenlaub ein Dom.
Und drin ein schmetternder Solist.
In solcher Schönheit Überstrom
wird ärgster Heide Christ

und jauchzt: Gelobt seist Du, Marie!
wenn er sein Lieb im Arme hält.
Und Kyrieleis! bittflüstert sie.
Und köstlich dünkt die Welt.

Lied

Gib auf alle Rosen acht,
die am Wege stehn:
Denn sie sollen heute Nacht
unsre Liebe sehn!

Sollen schwülen Neides voll
uns umglühn, umwehn –
und von unsren Gluten soll
ihre Glut vergehn!

Winter-Idyll

I

Schlitten klingeln durch die Gassen,
fußhoch liegt der Schnee geschichtet:
deutschem Winter muss man lassen,
dass er gar entzückend dichtet.

Und wir gehn, ein schneeweiß Pärchen,
Arm in Arm, mit heißen Wangen.
Welch ein süßes Wintermärchen
hält zwei Herzen heut gefangen!

II

Wie kann ein Tag voll so viel Schmerz
so wunderherrlich enden,
ein Abend an mein einsam Herz
so reiches Glück verschwenden!

Oh Mund, entflammt, oh Aug', entfacht
in schauerndem Begegnen! …
Oh aller Wunder holder Nacht,
wie magst du so mich segnen! …

III

Surre, surre, Rädchen,
hier sind tausend Fädchen
für ein Sonnenstrahlenzelt
um die weite, weite Welt!

Surre, surre, Rädchen,
denke doch! mein Mädchen
hat viel tausend Haare!
Reicht viel tausend Jahre!

Surre, surre, Rädchen,
tausend goldne Fädchen
wolln von dir zu Sonnenschein
heute noch gesponnen sein!

Ich stand vom Lärm der Welt umgellt,
verstrickt ins große Vielgeschick, –
da kam beschwingt ein Augenblick
und trug mich fort in meine Welt.

In mein und deine Welt, die still,
verklärt, abseits vom Wege liegt,
drin unser Glück die Zeit besiegt
und Schönheit nur und Güte will.

O wundersame Stille!
Von Göttern eingehüllt
verstummt mein Sonderwille.

Die andre Liebe quillt
in ahnungsvoller Fülle.

Neuvermählte

Sie blickt ihn an, und ihre Jugend hängt
an seinen Zügen fest und unverwandt,
den teuren Zügen, die in ihrem Kinde

fortleben sollen: alles in ihr drängt,
dass er, der Würdige, der sie erkannt,
sein Bestes einst in jenem wiederfinde.

Und wie durch all das dann das Mädchen bricht,
das Kind in aller seiner Harmlosheit:
wie sich der Ernst, der große, der Natur

mit dem Zufälligen verträgt, verflicht!
Indessen er in seiner Männlichkeit
an jenes Kind nicht denkt, an dieses nur.

Die Mandellinie
deiner Wange

Das, was mein Auge ewig an dir sieht,
das ist die Mandellinie deiner Wange,
die deiner Züge süßes Licht umgibt
wie eine himmelszarte Geisterspange.

In ihr ist all dein Mädchentum gefasst
in seiner Wehmut, Würdigkeit und Milde,
und wäre nicht dein Wuchs junonisch fast,
so glichst du Sandros holdem Venusbilde.

Evas Haar

Als wie ein Feld, das erstes Licht ereilt,
sind deines Hauptes wunderblonde Wellen:
Ein sanfter Morgen scheint ihr Gold zu schwellen,
darauf der Sonne Auge zögernd weilt.

Nun flammt es auf, als käm' es Purpur malen, –
ist es der Mohn, der heimlich in ihm wohnt?
Doch wann der Abend naht mit kühlern Strahlen,
so ruht es wieder blass, wie keuscher Mond.

Einer jungen Schweizerin

So manche fremde Sprache tönte mir zu Ohr,
und fremder war wie eigner ich oft herzlich feind:
doch immer fand ich jede Sprache schön, sobald
sie von den Lippen eines schönen Weibes kam.
Die rausten Laute wurden Glockenton, ein Quell,
lebendig, strahlend, brach das reiche Wort hervor,
so königlich wie schlicht, voll jener Jugendkraft,
die jedes äußre Zeichen adelt, da sie sich
in jedem selbst mit ihrem ganzen Reiz verschenkt.

Ich ging im Park …

Ich ging im Park.
An einem Knie des Wegs
betrat mich unverhofft
ein seltsam Bild.

Unweit, wo hell
durchs Laub der Himmel brach,
auf einer Bank von Marmor
saß ein Weib, –

ein schlankes Kind
in erdbeerrotem Kleid,
von Braungelock
das Köpfchen überwirrt.

In ihren Fingern
hing ein hänfen Netz,
darin ein bunter Ball
gefangen lag –:
Und wie die Laune trieb,
so schaukelte
und wirbelte das Netz
die zarte Hand.

Mir aber war's,
ich sähe Aphrodite,
die Herrin,
wie sie mit dem Erdball spielt.

Ich liebe mir die klaren Frauenaugen,
aus denen eine freie Seele leuchtet;
die nicht, die zehrend sich in andre saugen,
die Hauch der Leidenschaft verschleiernd feuchtet.

Die nicht, die nur im Übermaße fühlen,
die überschwänglich lieben oder hassen.
Ich liebe mir die klaren, scheinbar kühlen,
die, was sie sollen, tief und ernst erfassen,

die weiblich sind im adelvollsten Sinne
und wissen, wo sie groß und wo sie fehlend.
Die andern sind zu feurig-kurzer Minne;
doch diese wirken ewig tief beseelend.

Einer unbekannten Dame in der Stadtbahn

Zu deinem Aschblond dieses graue Blau!
Wie lieb ich, was du dachtest und empfandest,
als du dies Blau zu deinem Blond gewählt.
Du hast zwei Farben gleichsam so vermählt;
denn auch die Farben lieben, schöne Frau,
und grüßen dich, wenn du die rechten bandest.

Was kannst du, Süße, wider dies, dass du so schön!
In deiner eigenen Schönheit wehrlos wandelst du,
und ob du lächelst, ob du ernst wirst, bist du schön;
und weintest du, dich ließe deine Schönheit nicht,
nur rührender aus Tränen leuchtete sie vor;
und zürntest du, so wär' es ihres Zürnens Macht,
nicht die des Deinen, die ein jedes Herz besiegt.
Doch welch unmöglich Scheiden zwischen ihr und Dir,
die du sie selbst, die du die Schönheit selber bist!

Einer Schottin

Nie hörte ich mit solchem Liebreiz je ein Weib
antworten, mit solch hingegebenster Weiblichkeit,
als Dich dein ›yes‹, dein ›yes‹, auf deiner Nachbarn Wort.
Der sanften braunen Augen einer jungen Kuh
erinnert mich dies so von aller Feindlichkeit,
von aller Selbstigkeit entblößte weiche ›yes‹.
Und schottische Mondscheinnächte, wie ich manchmal sie
gemalt sah, steigen herzelösend vor mir auf
und zeigen mir die Heimat, deren Kind du bist.

ACH, HERZ, WENN ICH AN DIESEN ABEND DENKE

Ich wache noch in später Nacht und sinne,
wie ich dir etwas Liebes sagen möchte,
dass ich dir einen Kranz von Worten flöchte,
daraus du würdest meiner Sehnsucht inne,

die mich nach deiner Gegenwart erfüllet,
als wär' ich nur bei Dir gewahrt vor Sorgen,
als lebt' ich nur in Deinem Blick geborgen,
dem teuren Blick, der mich in Liebe hüllet.

Wo bist du ...

Wo bist du, süße Blume meiner Tage?
Ich strecke müde, glückverlangende Hände
nach deinem holden Kelche aus?
Wo bist du –
dass ich das keusche, sammetweiche Haupt
dir küsse?
Wo bist du –
dass der Falter meiner Seele
an deiner Blüte Staub
sich neu vergolde?
Ich dürste, hungere nach deinem Duft!
Wo birgst du deine Schönheit?
Welcher Garten des Paradieses
umfriedet deine Pracht?
Wo bist du – bist du –
süße Blume meiner Tage?

Gleich einer versunkenen Melodie ...

Gleich einer versunkenen Melodie
hör ich vergangene Tage
mich umklingen.
Heiß von Tränen
wird mir die Wange,
und von wehmütigen Seufzern
schluchzt mir die Brust,
an der du –
ach *Du!*
einst dein blondes,
erglühendes Köpfchen bargst,
o Geliebte!

Allein im Gebirg

Oh du! dass du an meiner Seite wärst!
Mit dir auf diese stillen, grünen Seen,
auf diese edlen, blauen Berge träumen;
aus all der Schönheit noch zu einer höhren
zurückzuwissen, wenn die Seele dürstet;
an deiner Augen Spiegel dann zu hängen,
die klarer als das klarste Bergseebecken
nur mich – wie meine dein Bild – widerschimmern;
im warmen Steinsitz dann zurückzulehnen,
bis *einer* Sehnsucht unsre Lippen folgen
und, ohne Wunsch, nur wie in himmelsholder
Gelöstheit, unsre Seelen sich berühren;
und wieder dann so Kopf an Kopf den Weiten
der ungeheuren Landschaft hingegeben,
mit Augen, die vor Glück in Schleiern liegen,
mit sanftem Atem zarter, junger Liebe –
oh du, dass du an meiner Seite ruhest!
Was ist mir all die Schönheit ohne dich.

Der Morgen war von dir erfüllt …
Dein Bild, von Tränen oft verhüllt,
umfloss mich wie ein lichter Schein;
du warst mein Morgenlicht allein.
Die Sonne schien mir ins Gesicht,
ich sah vor dir die Sonne nicht,
erblindet lag der Augen Au
von dir, als meinem Himmelstau.

Liebe, Liebste, in der Ferne,
wie so sehr entbehr' ich Dich!
Leuchteten mir milde Sterne,
ach, wie bald ihr Glanz erblich!

Wenn ich deine weichen Wangen
leis in meine Hände nahm,
und voll zärtlichem Verlangen
Mund zu Mund zum Kusse kam;

wenn ich deine Schläfen rührte
durch der Haare duftig Netz,
o, wie war, was uns verführte,
beiden uns so süß Gesetz!

Und nun gehst du fern und einsam.
Ach, wie achtlos spielt das Glück!
Bringt, was einmal uns gemeinsam,
noch einmal sein Strom zurück?

Liebe, Liebste, in der Ferne,
wie so sehr entbehr' ich dich!
Leuchteten uns milde Sterne,
ach, wie schnell ihr Glanz erblich!

Abendpromenade

Das war ein langer Weg mit jungen Bäumen,
unweit des Hauses, den wir jenen Abend
so unermüdlich auf und nieder gingen,
so zärtlich Arm in Arm; ich weiß noch, wie du
den deinen unter meinen Mantel schmiegtest,
dass dir sein Flügel halb die Schulter hüllte.
Was schwatzten wir nicht alles da! Du klagtest
von Sorgen, die zu früh dir zugemessen,
ich kam dir philosophisch, treu dich lehrend,
was grade mir an Weisheit aufgegangen;
dazwischen wehten milde Abendwinde,
und unten lag der See in mattem Glanze.
Und weißt du auch noch, wie ein altes Weibchen
uns lächelnd als ein junges Brautpaar grüßte
und wir ihm fromm doch fruchtlos widersprachen?
Ach, Herz, wenn ich an diesen Abend denke
und an den kleinen Weg mit jungen Bäumen,
dann möcht ich jeden Lufthauch für dich bitten,
er mög dir all des Glückes Träger werden,
das ich dir wünsche, Tapfre, Liebe, Gute!

Begegnung

Wir saßen an zwei Tischen – wo? – im All …
Was Schenke, Stadt, Land, Stern – was tut's dazu!
Wir saßen irgendwo im Reich des Lebens …
Wir saßen an zwei Tischen, hier und dort.

Und meine Seele brannte: Fremdes Mädchen,
wenn ich in deine Augen dichten dürfte –
wenn dieser königliche Mund mich lohnte –
und diese königliche Hand mich krönte –!

Und deine Seele brannte: Fremder Jüngling,
wer bist du, dass du mich so tief erregest –
dass ich die Knie dir umfassen möchte –
und sagen nichts als: Liebster, Liebster, Liebster –!

Und unsre Seelen schlugen fast zusammen.
Doch jeder blieb an seinem starren Tisch –
und stand zuletzt mit denen um ihn auf –
und ging hinaus – und sahn uns nimmermehr.

Von süßer Sehnsucht überschwillt
mein Herz nach euch, geliebte Züge,
und aus des Abends Flöte quillt
das Götterlied der Liebeslüge.

Ich seh der Wolken Scheiterstoß
die Qual der ganzen Welt verbrennen
und leg mein Haupt in deinen Schoß –
um nichts als dich mehr zu erkennen.

»Deine Rosen an der Brust,
sitz' ich unter fremden Menschen,
lass' sie reden, lass' sie lärmen,
jung Geheimnis tief im Herzen.
Wenn ich einstimm' in ihr Lachen,
ist's das Lachen meiner Liebe;
wenn ich ernst dem Nachbar lausche,
lausch' ich selig still nach innen.

Einen ganzen langen Abend
muss ich fern dir, Liebster, weilen,
küssend heimlich, ohne Ende,
Deine Rosen an der Brust.«

»Das Wunder ist ...«

Vom Hang nach Einsamkeit erfasst,
verstürm' ich mich in dir, Natur,
hin auf nur mir vertrauter Spur,
ein schlechter Menschengast.

Und träumend mal' ich mir im Schreiten,
wie's plötzlich sich aus Büschen biegt -
und *sie* zu tausend Zärtlichkeiten
mir in die Arme fliegt.

Mir kommt ein altes Bergmannslied zu Sinn

Mir kommt ein altes Bergmannslied
zu Sinn,
das mahnt mich an die Zeit, da ich
verliebt gewesen bin,
zum ersten Mal
mit aller Lust und Qual,
davon ich spät erst, spät
genesen bin.

Wie drängt ein ganzer Jugendtraum
empor,
sing ich das alte Bergmannslied
mir selber leise vor.

Es glänzt ein Saal
im nachtgestirnten Tal,
die Dorfkapelle spielt
die Weise vor.

Und dann der Tanz den Saal hinauf,
hinab.
Ach, was ich mich in Wunsch und Wahn
damals vermessen hab!
Oh süße Qual,
der ich mein Herz empfahl,
und die ich noch nicht ganz
vergessen hab.

Kinderliebe

Nach Klostersitte floss dein wollen Kleid
in grauer Strenge faltenlos zum Fuß,
doch drüber hin, gelöst und quellend reich,
des sanftesten Marienkopfs Gelock.
Braunaugen, wie von stiller Gluten Wehn
erschimmernd, sich verschleiernd – strahlt ihr noch? …
Ich war wohl acht, du dreizehn Jahre alt.
Was war's, das unsre Lippen jäh verband –
ach *eine* selige Sekunde nur –
wie erster unaussprechlich süßer Durst
von Mann zu Weib – in weltvergessnem Kuss –
dem schönsten Kusse, den ich je geküsst …? …
Wo weilst du, Liebe, – nun wohl Mutter längst,
doch ewig junge Beatrice mir –?
Gemahnt auch dich noch Hauch versunkner Zeit –
und gabst auch Du dein Herz nie süßer hin?

Ein einunddreißigster August

Das war der letzte leuchtende August:
Der Sommer gipfelte in diesem Tage.
Und Glück erklang wie eine Seegrundsage
in den Vinetatiefen unsrer Brust.

Ein leises fernes Läuten kam gegangen –
und welche wollten selbst die Türme sehn,
in denen unsres Glückes Glocken schwangen:
so klar ließ Flut und Himmel sie verstehn.

Der Tag versank. Mit ihm Vinetas Stunde.
Septembrisch ward die Welt, das Herz, das Glück.
Ein Rausch nur wie von Tönen blieb zurück
und schwärmt noch über dem verschwiegnen Grunde.

Das Tüchlein

Dein Tüchlein hab ich mir im Morgengrauen
übers Gesicht gelegt, dass es mich trüge
(als wärest du bei mir) mit feiner Lüge,
und wundre mich, durch sein Geweb zu schauen.

Wie durch die Seele meiner lieben Frauen
erblick ich nun der Welt vertraute Züge,
alles gedämpft zur sanfteren Genüge,
ja selbst der Sonne darf ich mich vertrauen.

Dein Tüchlein, das ich auch schon – griechisch schrieb:
als – »Tych«lein! (Tyche hieß, was Zu-fall heute …)
(Aus welchem ich dich atmete, solange

mein Atem duldete, dass deiner blieb!):
Dass es mir deinen Zu-fall stets bedeute
und mich im Tod noch liebevoll umfange!

Nein, dies kann nicht so verbleiben!
Diese Traurigkeit muss enden,
dieses abendliche Wissen

von unsäglich lieben Händen,
die den Herzgeliebten missen,
und statt ihn zu lieben – schreiben.

Unter der linken Brust
band ich dein Brieflein fest,
da mag es wohnen nun
bis morgen früh.

Unter der linken Brust
ist mir so wohl, so weh
und beide Hände noch
press ich darauf.

Unter der linken Brust
drückt sich ein Engel ab,
drückt sich dein Engel rot
in weißen Schnee.

Und unterm weißen Schnee
liegt mein rotrotes Herz,
küsst durch den weißen Schnee
dein Siegel rot.

Unter der linken Brust
band ich dein Brieflein fest
mit meinem blonden Haar
wie als wärst *du*'s!

Abend im Park

In einer willenlosen Schwermut litt
ich heute mit des Parks herbstlicher Seele.
Der welken Blätter bittrer Odem schnitt
mir wie verhaltnes Tränen weh die Kehle.

Ich fühlte tief: ich war's nicht mehr gewohnt,
dass sich der Wald um mich so einsam dehnte.
Und durch entlaubte Kronen sah der Mond
auf einen Menschen, der sich nach dir sehnte.

Ein Rosenzweig

Im Süden war's. Zur Nachtzeit. Eine Gasse.
Ich trat aus deinem Haus und schloss das Tor
und wandte noch einmal den Blick empor:
da flog ein Zweig aus deinem Dachgelasse

und fiel aufs Pflaster, – dass ich rasch mich bückte
und deinen Hauch noch warm vom Munde nahm
der schweren Rosen, deren Gruß den Gram
der kurzen Trennung duftend überbrückte.

An Eva P.

Wenn nur einmal, sei's,
woher es ist,
deine liebe Hand
mir Grüße sendet –
dass ich weiß:
was flüchtig uns verband,
war nicht, als ich dich verließ,
geendet!
Willst du dies –
die du mir teuer bist?

Bilder der Liebe

Durch der Bergnacht Sternenstunde
möchte' ich stark, ein Adler, streichen,
über hundert schwarze Schlünde
deines Herzens Herd erreichen,
möcht an dieses Herdes Flammen
meine Flügel dann verbrennen
und mich selber so verdammen,
nimmer von dir heimzukönnen.

Mädchenwünsche

»Der Funkenregen sprüht am Zug vorbei
   wie Sternfall im August.
Bei jedem glühenden Stäubchen aber wünscht
mein Herz, du säßest neben mir im Dunkel –
   wie damals im August ...«

Ach, es ist traurig, alte Briefe lesen;
was man so weicher Stimmung einst geschrieben,
von »nie vergessen«, »ewig lieben« …
ach, es ist traurig, alte Briefe lesen.

Was ist dies Ich nicht alles schon gewesen
und immer wieder spielt's die alten Spiele
und immer meint's: nun steh's am letzten Ziele.
Was ist dies Ich nicht alles schon gewesen!

Das ist alles Traum, nur Traum

Das Bild

Aus seinem Rahmen trat dein Bild
und schlang den Arm mir ums Genick –
und, eingewurzelt Blick in Blick,
durchgingen wir ein fremd Gefild …

Und gingen stumm und unverwandt
und tranken unsrer Seelen Glanz
und wurden *eine* Seele ganz
und fühlten, was wir nie gekannt …

Da schlug ein Lärm an unser Ohr –
ich sprach ein Wort – du fuhrst zurück –.
Zerflossen war das kurze Glück,
und alles wieder wie zuvor.

Ein Wunsch

Weißt, was ich möchte, Mädchen?
Ich wollt, ich wär ein Maurer
und stürzte vom Gerüst,
und kurze Frist nur gäbe
man meinem Leben noch ...
Sie trügen in dein Haus mich,
du pflegtest mich voll Mitleid,
voll frauenhafter Güte,
voll leiser Traurigkeit ...
Und deine Hände lägen
auf meiner Fieberstirn,
und unter deinen Händen
schliefe mein Herzblut ein.

Ein Traum

Wir standen beieinander, liebes Mädchen,
und andre standen bei uns im Gespräch.
Da lehntest deinen Schlaf du leis an meinen,
(ich spüre noch die kurze, feine Wärme)
sekundenlang und ungewollt, als könntest
du meine Förmlichkeit nicht länger tragen.
Ich aber blieb im Traum, wie einst im Wachen,
besonnen … war auch nie im Wachen mir
dein Herz so nah, mein Herz so weh gewesen.

Wenn du nur wolltest

Ich bin eine Harfe
mit goldenen Saiten,
auf einsamem Gipfel
über die Fluren
erhöht.

Du lass die Finger leise
und sanft darüber gleiten,
und Melodien werden
aufraunen
und aufrauschen,
wie noch nie Menschen hörten;
das wird ein heilig Klingen
über den Landen sein ...

Ich bin eine Harfe
mit goldnen Saiten,
auf einsamem Gipfel
über die Fluren
erhöht –

und harre Deiner,
oh Priesterin!
dass meine Geheimnisse
aus mir brechen
und meine Tiefen
zu reden beginnen
und, wie ein Mantel,

meine Töne
um dich fallen,
ein Purpurmantel
der Unsterblichkeit.

Über deinem Tisch am Fenster
hängt des Mondes blasse Wabe,
und zur Stunde der Gespenster
naht dir der geliebte Knabe.

Aus der Briefumschläge Tiefen
gleitet es wie Rauch und Schleier.
Aus im Mond betränten Briefen
schwebt, ein Geist, der ferne Freier.

Und er streckt nach dir die Arme –
und du eilst, ihn zu gewinnen –
und in namenlosem Harme
fühlst du sein Gebild zerrinnen ...

In einer Nacht, da ich dein Herze küsste –
(ach, das ist alles Traum, nur Traum, du weißt es)
sprachst du zu mir: Lass mich auch *dein* Herz küssen.

Und beugtest dich in schmerzlichem so Müssen
auf mich und küsstest hingegebnen Geistes
(das ich so gern dir hingegeben wüsste).

Rosen im Zimmer

Ich stand, eine Vase
voll üppiger Rosen,
auf einer Konsole
am Lager der Liebsten
und goss überschwängliche
Gluten und Düfte
ins mondige Dämmer
der magdlichen Kammer.
Aufseufzte das Mädchen
und streckte das weiße
Gelenk ihrer Linken
nach mir und umschloss mich
und hob mich hinüber –
und alles im Schlafe.
Da schwankte die Vase,
und all meine Rosen
entfielen ihr lodernd
und hüllten in Purpur
das brüstliche Linnen:
Aufschlugen erschreckt sich
zwei glänzende Augen –
und sahn mich, den Menschen,
sich über sie beugen …
Ich aber – ihr Götter! –
mich über sie neigend,
ich ward meines Kusses
betrogen! –: Nur Rosen,
worauf ich mich neigte!

Kein Liebchen, kein Lager,
kein Zimmer, kein Ort mehr –
nur Rosen, nur Rosen!
Ich stürzte in Rosen –
durch Rosen – auf Rosen …
bis quälende Schmerzen
der Schläfe mich weckten.

Der Traum

Es war ein süßer Traum
von Dir, –
was, weiß ich kaum.
Doch seine Süßigkeit
blieb mir
den ganzen Tag, –
dass, als mein Schlittengleis
zur Abendzeit
die Straße lief,
da deine Wohnung lag,
der Heide, ich,
ein leis
›Gott segne dich‹
als jenes süßen
Traumes letztes Grüßen
rief.

War das die Liebe …

War das die Liebe, die mich gestern streifte,
wie eines seidenen Gewandes Atem
im Dunkel, wie ein windvertragner Duft,
wie Harmonien aus der blauen Nacht,
woher, du weißt es nicht, doch stockt dein Blut
und horcht in die Geheimnisse der Dinge …
und all dein Wesen flutet zögernd aus,
du fühlst dich wie ein Strom die Welt durchrinnen
und ahnst doch noch ein Mehr-als-diese-Welt,
wie hinter feiner Schleier Wehr noch wartend,
ein Himmelreich voll Blüten, Früchten, Sonnen, –
und lächelnd winkt, die dich so sehr gerührt.

Träume

Und dann kommen wieder Zeiten der Träume,
wo dir alles wiederkehrt von teuern
Menschen und Geschicken, und du wandelst wieder
neben ihr im Schatten geliebter Bäume.
Aber nicht mehr umfängt dein Arm ihr Mieder,
eines andern ist nun ihr Leib und Seele,
doch du ehrst es, willst nicht in Schuld und Fehle
einen Jugendtraum voll Unschuld erneuern.

Und sie erzählt dir von ihrem Leben,
wie es so war wie jedes Leben:
jung, glücklich, enttäuscht, ergeben, –
und du fühlst ein übermächtig Streben,
ihren Kopf an deiner Brust zu betten. –
Aber da klirren leise unsichtbare Ketten –
und du öffnest die Lippen, wie um zu küssen, –
diese leise klingenden silbernen Geisterketten,
die so gut wissen, was wir müssen …

EIN LICHT SIND WIR UND
IST VON MIR ZU DIR

An Margareta

Ich habe nicht gewusst, dass so viel Liebe
in einem Menschen sein kann – und zu mir.
Zwar – ich bin ungerecht. Und doch – es hat
mich nimmermehr zuvor so überwältigt.

So will ich sagen: Wissen um die Liebe,
das tat ich stets, und war auch wohl ihr Gast,
so wie ein Gast von Heim und Herdglut weiß.
Durch dich erst aber *glaub'* ich an die Liebe.

Selbst (und das ist das Schwerste) an die meine;
an meine Fähigkeit zu jener letzten
Ver-einigung des ewig sonst Ent-zweiten.

Nun nicht mehr Gast nur wandl' ich durch die Zeiten, –
nun sitz ich selbst am Herd und atme Frieden,
und glaub an *alle* Liebe – durch die deine.

Dankbarkeit und Liebe

Dankbarkeit und Liebe sind Geschwister.
Dankbarkeit *ist* Liebe, mild doch stet.
Wer ein Liebender durchs Leben geht,
auch ein Dankender für alles ist er.

Der kann von Liebe nicht reden,
dem sie nimmer Verlust und Gewinn war –
dem sie nie irgendwann der Sinn war
von allem und jedem.

Ich kaufte eine Vase und zwei Rosen,
vor Torschluss, auf gut Glück. Die Vase war
aus Japan, also gut, die Blume schlecht.

Erst härmt ich mich um sie. (So schwächlich sind
Verliebte, so voll Furcht.) Dann hab ich zwei
am Mittag und nach eigner Wahl gekauft:

Und deren Duft und deren blasse Pracht,
die solltest du nun schaun – und fühltest froh:
Ja, das ist uns – das darf uns Gleichnis sein.

Genug oft, dass zwei Menschen sich berühren,
– nicht leiblich, geistig nur – dass sie sich »sehn«,
dass sie sich einmal gegenüberstehn –
um sich danach vielleicht auf immer zu verlieren.

Genug oft, dass ein Lächeln Zweier Seelen
vermählt – oh nicht vermählt! nur dies: sie führt,
so voreinander schweigend und erschüttert,
dass ihnen alle Wort' und Wünsche fehlen,
und jede, unaussprechlich angerührt,
nur tief vom Zittern der verwandten zittert.

Ich liebe dich, Du Seele, die da irrt
im Tal des Lebens nach dem rechten Glücke,
ich liebe dich, die manch ein Wahn verwirrt,
der manch ein Traum zerbrach in Staub und Stücke.

Ich liebe deine armen wunden Schwingen,
die ungestoßen in mir möchten wohnen;
ich möchte dich mit Güte ganz durchdringen;
ich möchte dich in allen Tiefen schonen.

Du bist mein Land,
ich deine Flut,
die sehnend dich ummeeret;
Du bist der Strand,
dazu mein Blut
ohn' Ende wiederkehret.

An Dich geschmiegt,
mein Spiegel wiegt
das Licht der tausend Sterne;
und leise rollt
dein Muschelgold
in meine Meergrundferne.

›Dich‹

Was möcht' ich wohl vom weiten Sein
jetzund alleinziglich?
Ich fass' es in drei Zeichen klein:
dich.

Und das wollen wir uns schenken:
so lang wir leben, du und ich,
will ich an dich denken,
und denke du an mich.

Auf Wieder-hören

Hör zu! Wir wollen uns erst wieder-hören,
eh wir uns wieder-sehn! Du kommst geweht
und hältst die Türe fest und – »Margaret«
so rufst du leis »ist da und will dich stören!«

Drauf ich, mich zwingend, nicht mich zu empören
wider das Spiel, das ich ja selbst erfleht:
O Geisterstimme, liebe, dein Poet
vernimmt dich, aber lässt sich nicht betören!

»Kein Geisterspuk!« so zürnst du zärtlich her.
»So sieh doch nach, ob nur mein Geist dich narrt,
ob so viel Liebe ein Gespenst ertrüge!«

Da spring ich auf, da schau ich deine Züge,
da halt ich deine ganze Gegenwart –
und fasse dich und lasse dich nicht mehr.

Du warst mir heut wie aus dem Sinn geschlagen …
Da überkommt es mich zur Dämmerstunde:
Du bist ja jetzt in meinem Leben, – *du!*

Du lebst es – mit? Ich darf's zu glauben wagen? …
Dein Antlitz grüßt von meines Kelches Grunde …
und schauernd trink ich mir dies Antlitz zu …

Hochsommernacht

Es ist schon etwas, so zu liegen,
im Aug der Allnacht bunten Plan,
so durch den Weltraum hinzufliegen
auf seiner Erde dunklem Kahn!

Die Grillen eifern mit den Quellen,
die murmelnd durch die Matten ziehn;
und droben wandern die Gesellen
in unerhörten Harmonien.

Und neben sich ein Kind zu spüren,
das sich an deine Schulter drängt,
und ihr im Kuss das Haar zu rühren,
das über hundert Sterne hängt …

Es ist schon etwas, so zu reisen
im Angesicht der Ewigkeit,
auf seinem Wandler hinzukreisen,
so unaussprechlich *eins* zu *zweit* …

So ziehn zwei Flammen, inniglich verschwistert,
die eine silberlicht, die andre dunkelgolden,
dem Himmel zu vom marmornen Altare.

Umschlingen sich, durchdringen sich im holden
Verbund, und wie sie glühn und glühn, verknistert
in ihnen Erdrest langer unerlöster Jahre.

»Wie du Personen oft vergleichst mit Ziffern:
Der ist dir – 2, die – 3, der – 5, die – 7!
So hab auch ich, am Flügel, meine Chiffern.

Tonarten sind mir – Menschen (lach du nur!).
So bist *du* meist es-Moll, doch auch Fis-Dur.
Und sieh: so lern ich selbst Tonleitern – lieben.«

Nun wollen wir uns still die Hände geben
und vorwärts gehen, fromm, fast ohne Zagen,
und dieses größte Lebenswagnis wagen:
Zwei miteinander ganz verschlungne Leben.

Und wollen unermüdlich weiterweben
an den für uns nun völlig neuen Tagen
und jeden Abend, jeden Morgen fragen,
ob wir auch ganz *ein* Ringen und *ein* Streben.

Auch ganz *ein* unersättlich Langen, Dürsten,
im Maß des Körperlichen, das uns eigen,
uns immer geistiger emporzufürsten:

Dass wir wie *eines* Pfeiles Schaft am Schlusse,
ineinsverflochten und in einem Schusse,
ein neues Reich höhrer Geburt ersteigen.

Ad Testament

Du Tor, du Narr, du Frevler! Deine Rede
sei ja und nein und nichts darüber. Meinst
du zu beherrschen schon das dunkle Einst?
und liegst noch hier mit jedem Tag in Fehde?

Doch! Ja! ich wag's, ich will's! Mit tiefem Ernst
will ich bis übern Tod hinaus Uns beide,
will, dass uns nichts mehr in Äonen scheide …
bis uns vielleicht (wie Buddha meint) zufernst

ein Himmel eint der Ineinanderruhe –
nach tausend Wegen, tausend Leid und Lust,
verpilgert sind der Sehnsucht Wanderschuhe –

sich endlich – dürfend – öffnet Brust gen Brust –
und Zweier Herzen ineinander quillen,
gleich Dürsten, die sich nun auf ewig stillen.

Als die Münster-Uhr
sieben Uhr morgens schlug,
hab ich »Du« gesagt bei jedem Schlag.

Und so sei denn mein
alle, alle Zeit,
und dann komme, was da kommen mag.

Die letzte Ruh, nach welcher Weise streben,
und welche wunschlos sein soll, diese Ruh,
sie, dünkt mich, winkt dem Ich allein im Du;
das fort und fort des Iches Tod und Leben.

Sein Tod: denn immer mehr sich hinzugeben,
eilt fort und fort es seinem Tode zu.
Sein Leben: denn wer anders als das Du
lässt es erdürsten, WELT mit ihm zu weben.

Des Iches Leben ist des Iches Tod;
doch erst des Iches Tod des Iches Leben.
Vom Du her kommt ihm alle Hungers-Not,

vom Du her alles letzte Lebens-Brot,
und »Welt« verdämmert Abendrot,
wenn Ich im Du und Du im Ich verschweben.

Eines Tages sah ich durch mein Fenster,
ausruhmüd auf meinem Sofa lagernd,
auf dem fernen Berg ein weißes Pünktchen.

Nirgends, wüsst ich, war ein Haus dort, nirgends
irgendetwas, Sonnenglanz zu spiegeln;
Sinnentrug war's oder Wunderzeichen.

Als ich aufstand, war der Punkt verschwunden;
doch ich baute fromm und in Gedanken
dort ein Kirchlein »Meiner lieben Fraue«.

Ich küsse dich auf deine Lebenslinie,
da wo der Handschuh mir die Lücke lässt …
Ich küsse dich auf deine Lebenslinie …

So zierlich ruht sie im gewählten Nest!
Und wie mein Mund sich zärtlich auf sie presst,
da segnet er fromm mit ihr gleich auch den Rest,
dein ganzes Leben mit der lieben Linie …

Seltsam, dass erst nach Jahrzehnten
jeder traf den Herzersehnten!

Dass erst, als die Not am größten,
wir uns fanden und erlösten.

So drängt sich uns ein Vogel
ins warme Nest der Hand
und lässt sich fest umschließen,
voll Glauben und Verstand, –

wie du, wenn dir in einem
wird schwach und stark der Mut
und du mir schreibst: ich bin dir
so ganz von Herzen gut.

Vielleicht, o wer das wüsste,
vielleicht wird alles gut –
O ferne Zukunftsküste,
wie steht nach dir mein Mut,
wie möcht ich dich erschiffen
und baun auf dir ein Haus –
nach all den Meeresriffen
nach all dem Sturmgebraus
nach all den Wogenschlünden
nach all der Haifischgier –
und Meine Welt dort gründen
mit ihr – mit ihr – mit ihr.

Was sind wir, wenn wir uns zurücke nehmen
aus jenem süßgewohnten Vordergrund,
in dem, zum Glück uns, unsre Wiege stund
und unser Krug einst steht mit unserm Staube!
Wer sind wir denn noch, wenn nicht krause Schemen,
Traumschatten über bodenlosem Grund,
und namenloser Traurigkeit zum Raube.

Drum lass uns dicht uns aneinander drängen,
es trägt sich leichter solch ein Graun zu zweit,
ich will mein All auch um den Hals dir hängen,
die ganze Sternschnur meiner Zeitlichkeit:
dafür: dass du mich, Weib, betreust und tröstest,
dass du dich als mein Du aus mir befreit,
dass du mich liebend von mir selbst – erlöstest …

Aus allen diesen Blicken einen Blick,
den großen Blick der großen Liebe schmieden –
das wäre Frieden,
wär' ein tief Geschick,
um das man, müsst' es sein, verbluten würde
mit einem Glanz in seiner letzten Zähre,
der spräche: Wenn das Wunder möglich wäre –
noch tausend Male dieses Schicksals Bürde!

Bezauberung

Ich ging einmal des Abends, den du kennst, den Weg,
mit einem Freund, der mir von seinen Plänen sprach.
Da ward mir seltsam: Wie ich schweigend neben ihm
und halb ihm lauschend ging im Dämmerlicht, geschah's,
dass ich mich selbst als *dich* empfand, als gingest *du*
in mir und lauschtest, wie ich seinem, meinem Wort ...
Und leise nickt' und murmelt' ich ihm zu,
mein Augenaufschlag war der *deine, dein* mein Leib
in jeglicher Bewegung bis ins Innerste ...
Und deine scheue Jungfrauseele liebte mich aus mir ...

Inmitten dessen, was wir uns erzählten,
mit einem Mal ein Stocken ohne Grund,
drin unsre Wesen schweigend sich erwählten.

Und dann, im selben Satze – nach Sekunden,
in denen wir uns innerlichst vermählt, –
ein Weiterplaudern, leicht und ungebunden.

Mit dir, wer weiß, würd' ich noch manche Pfade
zu ungekannten Lebensquellen finden;
du, mein' ich, würdest meine Seele nicht
in ihren höchsten Stunden einsam lassen!

Darf ich, dein Ring, dich, Perle, in mir fassen?
Willst du den Kranz der Zukunft mit mir winden?
Anbet' ich dich als mein erlösend Licht,
als meines Lebens große Himmelsgnade?

Und wir werden zusammen schweigen –
und ich werde mein Haupt an dich legen –
und du wirst dein Haupt auf mich neigen –
und ich werde den Nacken bewegen
und deinen Lippen entgegenstreben
und Leben
von ihnen trinken
und ihnen spenden –
und wieder zurück dann sinken
und Brust nur und Wimper noch regen –
und dann werden wir wieder zusammen schweigen –

um dann aber das Schweigen zu enden –
und aber zu enden in Schweigen –
in ewigen Wenden.

Stör' nicht den Schlaf der liebsten Frau, mein Licht!
Stör' ihren zarten, zarten Schlummer nicht.

Wie ist sie ferne jetzt. Und doch so nah.
Ein Flüstern – und sie wäre wieder da.

Sei still, mein Herz, sei stiller noch, mein Mund,
mit Engeln redet wohl ihr Geist zur Stund.

Dort in den Wäldern bei Berlin
dort will ich meine Hütte baun –
der Vers fiel heute früh mir ein.

Wie schließ ich ihn? Wie rund ich ihn?
– »und mit der liebsten aller Fraun«.

Diese Rose von heimlichen Küssen schwer:
Sieh, das ist unsre Liebe.
Unsre Hände reichen sie hin und her,
unsre Lippen bedecken sie mehr und mehr
mit Worten und Küssen sehnsuchtsschwer,
unsre Seelen grüßen sich hin und her –
wie über ein Meer – – wie über ein Meer – – –
Diese Rose vom Duft unsrer Seelen schwer:
Sieh, das ist unsre Liebe.

Heimat

Nach all dem Menschenlärm und -dust
in dir, geliebtes Herz, zu ruhn,
so meine Brust an deiner Brust,
du meine Heimat nun!

Stillherrlich glänzt das Firmament
in unsrer Augen dunklen Seen,
des Lebens reine Flamme kennt
kein Werden und Vergehn.

Segelfahrt

Nun sänftigt sich die Seele wieder
und atmet mit dem blauen Tag,
und durch die auferstandnen Glieder
pocht frischen Bluts erstarkter Schlag.

Wir sitzen plaudernd Seit' an Seite
und fühlen unser Herz vereint;
gewaltig strebt das Boot ins Weite,
und wir, wir ahnen, was es meint.

Sie an ihn

Ich habe nie, was Leben ist, gewusst,
in deinen Armen fand ich erst das Leben,
du hast mir nicht nur deinen Wert gegeben,
auch meinen fand ich erst an deiner Brust.

Ich hatte manches Hohe schon empfunden,
aus nicht Gemeinem war mein Tag gewebt; –
und jetzt – wie Schatten liegt's dahingeschwun-
den.
Jetzt stürb' ich gern, denn jetzt hab ich *gelebt*.

Solveig

»Du weißt ja nicht, was Liebe alles vermag!«
– Traun! Doch nur, die von Gegenliebe weiß,
nicht Liebe, deren Gegenliebe – schläft.

»O dass Ihr solches nie zusammenträft!
Doch wahre Liebe trägt selbst diesen Schlag,
und wartet, wartet selbst in Nacht und Eis.«

Es ist Nacht,
und mein Herz kommt zu dir,
hält's nicht aus,
hält's nicht aus mehr bei mir.

Legt sich dir auf die Brust,
wie ein Stein,
sinkt hinein,
zu dem deinen hinein.

Dort erst,
dort erst kommt es zur Ruh,
liegt am Grund
seines ewigen Du.

O traure nicht!

Aus roten Morgenwolken blüht
der blaue Tag in blasser Seligkeit.
Und über Raum und Zeit
erhebt sich mein Gemüt
zu dir.

O traure nicht!
Und bist du nicht bei mir –:
Ein Licht sind wir
und ist von mir zu dir.

Aus roten Morgenwolken blüht
der blaue Tag in blasser Seligkeit …
Und über Raum und Zeit
erhebt sich dein Gemüt
zu mir.

O Übermaß, o Überschwang der Liebe!
Legionen! Und ein jeder gab sein Teil,
wirkte am Werke mit, am Weltall weiter.
Du so, du so, der wenig und der viel, –
doch jeder wirkte mit …
            Du musst nur nicht
ein Lächeln, einen Seufzer, einen Blick
geringer achten, weil sie also klein;
du musst die »Scherflein« nicht verachten, die
aus ungezählten Händen fielen, fallen
und fallen werden, wie ein Muschel-Schauer,
der endlich Inseln schafft und Berge gar,
bis aus den Gipfeln Häupter sich erheben,
und aus den Häuptern ein ersehntes Haupt – .
O Übermaß, o Überschwang der Liebe!
Legionen! Und ein jeder gab sein Teil!

Ich küsse dich, zitternde Mädchenseele,
mit all der Inbrunst meiner Wünsche.
Ich segne dich, ringende Weibesseele,
aus allen Tiefen meines Wesens.
Ich weine mit dir, o Menschenseele,
über das Schicksal, das in uns waltet.

Im Funkenstrom von
Leib zu Leib

Das ist ein ewiges Sich-Freuen
des Weibs am Mann, des Manns am Weib,
ein ewig jubelnd Sich-Erneuen
im Funkenstrom von Leib zu Leib.

Ein Blick in Licht, ein Bad in Tau,
ein kühler Trunk, ein reiner Duft,
ein junges Weib von schlankem Bau, –
o Lebenswärme, Lebensluft!

Fliegendes Blatt

Kecke weiße Spitzensäume,
schlanke Stiefeletten,
aus den Augen Purzelbäume
toller Amoretten,
Zöpfe, minder Liebeszäume,
eher Liebesketten,
Lippen, heiß vom Hauch der Träume,
wer kann da sich retten?

Sehnsucht

Hier in Bergeseinsamkeiten
brennt mein Wesen, dich zu halten,
zu entrückten Wirklichkeiten
unsre Träume zu gestalten;
unter diesen Tannen möcht ich
mit dir wandern, Mund an Munde,
und mit deinem Braunhaar flocht ich
uns in eins zu zartem Bunde ...

Bis den allzutraut Verschlungnen
sich die Schritte bang verwirrten
und der Leidenschaft-Bezwungnen
Blicke heiß die Runde irrten:
dass auf sanften Mattenlehnen
eine treu umbuschte Stelle
ihrer Jugend starkem Sehnen
heimlich hold entgegenschwelle.

O wie wollten wir hier oben,
Liebste, Tag und Nacht verküssen,
allem Sittenwahn enthoben,
aller Vorsicht trocknen Schlüssen!
Komm, o komm durch alle Weiten!
lass uns hier im Bergesgrunde
feiern unsrer Hohen Zeiten
unaussprechlich süße Stunde!

Vor dir schein ich aufgewacht,
und ich küsse dich am Halse,
und du, ohne Lid zu heben,

legst den Arm um mich, und sacht,
wie nach einer Chopin-Valse,
meinst du mit mir hinzuschweben.

Hier im Wald mit dir zu liegen,
moosgebettet, windumatmet,
in das Flüstern, in das Rauschen
leise liebe Worte mischend,
öfter aber noch dem Schweigen
lange Küsse zugesellend,
unerschöpflich – unersättlich,
hingegebne, hingenommne,
ineinander aufgelöste,
zeitvergessne, weltvergessne.
Hier im Wald mit dir zu liegen,
moosgebettet, windumatmet ...

Unerwartete Eröffnung

Ich möcht es wohl noch einmal mit dir wagen:
Springer: b/1 c/3 d/5 c/7!
Zumeist jedoch, es schlank herauszusagen, –
um nämlich deine lieben, lieben,

vor mir leicht auf den Tisch gestützten,
nachdenklich, spielerernsthaft-scherzhaft
(vom Spitzenärmel ungeschützten)
gekreuzten Arme plötzlich herzhaft –

zu küssen! Ja, just dies vorzüglich!
Doch freilich dann, geküsst sie habend,
auch sehr bereit, das Spiel der Inder

(zum wenigsten mit jenem füglich
vermischt – dem Spiel verliebter Kinder)
weiterzutreiben einen schönsten Abend.

Nun streckst du die schlanken Glieder
aufs reine Lager hin;
müde fallen die Lider,
doch mein Bild blieb darin.

Du fühlst ein süß Genügen,
als wär' ich selber nah;
und schon mit gleichen Zügen
liegst du ruhend da.

Venus Aschthoreth

Du jagtest durch den Saal auf leichten Knien
und warfst das Haar mit fordernder Gebärde,
du wolltest mich zu dir hinunter ziehn,
mich saugen, wie den Tropfen trockne Erde.

In deines stumpfen Tänzers Arme sankst
du weit rücküber und, nach mir gedreht,
verschlangst du mich mit jedem Blick und trankst
mein fliegend Herzblut, Venus Aschthoreth!

An eine unbekannte Schauspielerin nach einem Operettenabend

Du siehst jetzt auch vielleicht auf deine Decke,
darunter sich dein schlanker Körper zeichnet,
und sinnst dein Rätsel deines Lebens nach …
Das wilde, wüste, aufgejagte Treiben
des Abends fiel zusammen wie ein Schaum,
von dem das Meer zurücktrat stumm und tot.
Die Maske liegt, der taube Trödel liegt
verachtet irgendwo, das Auge lächelt
nicht fürder; jener tiefe Leidenszug,
der abends schon dein Lächeln abgelöst,
beherrscht, verdunkelt nun dein Antlitz ganz.
Du bist von denen, Kind, die nicht die Lust
erregter Augenblicke sättigt, du willst mehr.
Ich fühle, wie so sehr noch Kind du bist,
bereit, so sehr zu lieben noch, zu traun,
und doch erfahren schon bis übers Maß
im Weh der Welt … Wie blickst du seltsam starr;
wie adelte dich Sorge schon so früh;
dass du mit mir in dieser Mitternacht
im selben einsam großen Sinnen wachst
und deine edeln schmalen Glieder sich
abzeichnen siehst im Linnen, das sie deckt,
und fremd zugleich und zärtlich sie betrachtest,
dies hingestreckte Dich, das so viel lacht
und so viel weint und noch vor kurzer Frist
vor andern Menschen tanzte, spielte, sang –

dies dunkle Dich, das, dunklem Falter gleich,
der Flamme zu mit jedem Nerv sich sehnt,
dass es als Psyche, wie ein Hauch entschauernd,
an Eros' Brust auf ewig schliefe ein.

DER ZWEIFEL:
WOHNT IN DIESEM LIEBESTRANKE

Schauder

(aus Ich und Du)

Das ist es, was mich zittern lässt vor Grauen
in allem Glücke, das ich dir verdanke:
der Zweifel: wohnt in diesem Liebestranke
der Zauber einer oder vieler Frauen …

Du lehrtest einen lang Versunknen schauen!
Doch wird entflorter Blick nun nicht die Schranke
durchtaumeln, wie der süßen Weines Schwanke,
dem jählings schwant, *was* alles Reben brauen?

Du bist doch nicht bloß Zauberstab und -türe
zu Gärten, die nicht schon in dir beschlossen?
Du wirst doch selbst mein Garten sein und Hafen?

O komm, dass mich allein *dein* Herz verführe,
in *ihm*, ein Quell auf alle Zeit ergossen,
von neuem blind, zu wachen und zu schlafen.

Die dritte erzählt

Ich trennte euch, saß zwischen ihr und dir –
entsinnst du dich? Es war noch damals, als
kein Wort noch zwischen euch gefallen war;
wir warteten im abenddunklen Tal
am kleinen Bahnhof auf den Brenner-Zug ...
Ein Irgendetwas hatte zwischen euch
ein Schweigen voll von Traurigkeit gelegt,
ich fühlte es, nein, nein, ich – *spürte* es:
Ein Strom von Lieb' und Leid und Sehnsucht ging
durch mich, die Trennende, hinüber und
herüber ... niemand sprach ... Ihr saht euch nicht.
Ich schied euch allzu gut durch meinen Leib –
(»oh lieber Leib, o zarter Mensch und Freund!«).
Verzeiht mir, dass ich damals blieb und nicht
mich zwischen euch herauszog wie ein Wehr
aus zwei Gewässern, die zusammenwollen;
verzeiht mir, dass ich blieb und es ertrug,
wie ihr durch mich euch suchtet und umfingt
und hieltet und schwermütig küsstet – o – –
die braunen, schweren Südwind-Abendwolken,
sie zogen hoch im Blassen längs dem Saum
der eben erst von uns verlassnen Berge
wie zweite, geisterhafte Berge hin, –
ein schmerzlich Schicksal, doch ein großes auch.
Ja, ja, in ihnen wohnte die Gebärde
der großen, namenlosen Schmerzlichkeit,
die Leben heißt ...
O Abend jenes Tags ...

Entsinnst du dich – entsinnt ihr euch noch, wie
ich damals euer »trübes Mittel« war –
Ihr – Licht – – –!

Mein Herz ist leer,
ich liebe dich
nicht mehr.

Erfülle mich!
Ich rufe bitterlich
nach dir.

Im Traume zeig
dich mir
und neig
dich zu mir her!

Erfülle mich
mit dir
auf ewiglich!

Ich trag's nicht mehr, –
ich liebe dich
zu sehr.

Schauder

Jetzt bist du da, dann bist du dort.
Jetzt bist du nah, dann bist du fort.
Kannst du's fassen? Und über eine Zeit
gehen wir beide die Ewigkeit
dahin – dorthin. Und was blieb? …
Komm, schließ die Augen, und hab' mich lieb!

Schicksale der Liebe

I

Ich stand, ein Berg,
still und einsam.
Da kamst *du*
und zerschmolzest
das Erz meiner Adern!

Nun bricht es vulkanisch heraus,
ein Schrecken dem Wandrer,
ein Schrecken mir selber.
Verdorrt steht
mein blühender Schmuck,
stumm
meiner Quellen Gespräch,
und langsam
verrinnt
mein Blut
um dich …

II

Wir sind zwei Rosen,
darüber der Sturm fuhr
und sie abriss.

Gemeinsam
wirbeln sie nun
den Weg entlang,
und ihre Blätter
wehn durcheinander.

Heimatlose,
tanzen und fliehn sie,
nur für einander
duftend und leuchtend,
den Weg der Liebe –

Bis sie am Abend
der große Feger
lächelnd
auf seine Schaufel nimmt.

Sie und Er

Bleich in bleichen Kissen liegst du,
süßer Schwäche Bild.
Deines Leibes Pein besiegst du
durch ein Lächeln mild.

Wünschtest du die Schuld der Herzen
ungeschehen, sprich?
Doch du lächelst unter Schmerzen:
Nein – ich liebe dich.

An Lotte O.

Wer weiß, ob ich nicht mit bei denen war,
die dich den dunklen Weg hinunterstießen.
Du liebtest mich vielleicht. Doch liebebar,
ersahst du, würden deine Tage fließen.

Du schriest vielleicht in Nacht und Einsamkeit
nach einem, der dich an dies Leben bände
und fandest jeden jedem Ruf zu weit ...
Und, unergriffen, zuckten dir die Hände –

und griffen wild um jenen Freund herum,
der uns erlöst mit einem einzigen Worte.
Ich aber, da du daliegst bleich und stumm,
klage mich an an deines Grabes Pforte.

Ein anderes

Gleich wie ein Brand, im Anfang kaum erspäht,
den sommerlichen Kiefernhain durchspringt
und Stamm um Stamm inbrünstiglich umschlingt,
dass sturmgleich er sein Innerstes entlädt –

Gleich wie, was erst bloß Fünklein, stät und stät
an Gras, Moos, Flechte, Reisig aufwärts dringt,
bis es sich endlich in die Kronen schwingt
und aus Legionen Nadeln Blitze sät –

So fällt die Leidenschaft den Menschen an,
als Spiel zuerst, doch unversehens Ernst, –
nichts rettet mehr, nicht Flucht, nicht Kraft, nicht Stolz.

Du musst sie schaudernd dulden, Weib wie Mann:
Dass du im Feuertod erkennen lernst,
wie wild Holz Feuer liebt und Feuer Holz.

Was ist da zu sagen –.

    Wir haben uns lieb, – nicht?

und müssen es tragen.

Was ist da zu fragen –.

    Wir haben uns lieb, – nicht?

und müssen entsagen.

Auch du bist fremd und feind den großen Worten.
Sie haben uns zu oft betrogen.
Wir haben selbst damit zu oft gelogen;
vielleicht nicht wollend, doch zu allen Orten.

Schmerzlich misstrauend jenen blinden Räuschen,
die Menschen treiben, Menschen anzuhangen,
umfangen unsre Seelen sich voll Bangen
und zittern, sich noch einmal zu enttäuschen.

»Was denkst du jetzt?
Ach, hinter diese Stirne
zu dringen, – wär' es, wär' es
mir gegeben!
Ein Bettler steh ich da
vor deinem Leben,
das unaufhörlich
sich in dir verschließt.
Besitz' ich dich,
wenn ewig Unbesessnes
in deiner Brust
an mir vorüberfließt?
O allzu streng und kärglich Zugemessnes,
was sich von Aug' und Munde nur
ergießt!
O gib mir Teil
an jenem stummen Weben!
Was denkst du jetzt?
Ach, hinter diese Stirne
zu dringen, – wär' es, wär' es
mir gegeben!«

Deiner Augen graue Meere
lass in meine Seele branden.
Alles ohne dich ist Leere,
will verdorren und versanden.
Schlage auf die grauen Fragen,
unergründlich wie das Leben.
lass die grauen Meere schlagen,
bis sie mir den Tod gegeben!

Das Gitter

So gingen sie am Gitter hin und her,
er außen und sie innen, – reichten sich
die Hände, streichelten sich Haar
und Wange, zuweilen [be]trachteten [sie] sich, mit
    glühnder Stirn
die kalten Stäbe drängend, Mund an Mund …

So gingen sie, so lebten sie dahin
in seinem Kerker jedes; – und doch war
ein Gitter nur, und rings um diesem Gitter
die weite, freie, grenzenlose Welt.

An * *

Da steht man nun in fremder Stadt allein
mit dem, was man gefehlt und man getan,
und den man liebt, der will nicht bei dir sein
und wandelt eigenwillig eigne Bahn.
Und einer Liebe wunderreicher Hort
bleibt unerschöpft und ewig unerlebt;
ich stehe einsam hier, du einsam dort,
und sind im Tiefsten doch so ganz verwebt.

Liebe, Liebe und Liebe

›Lass sie mir eine Zeit!‹

    Doch er mochte davon nichts wissen.
    Es sei nicht Brauch,
    und er liebe sie auch
    zu sehr, um sie jemals zu missen.

Sie raffte ihr Kleid.

    Er wartete nachts an der Ecke.
    Es rückte der Zug,
    und im Dämmerlicht schlug
    er den Arm um sie und die Decke.

Jahre gingen ins Land.

    Da trafen sie einer den andern
    auf einem Berg,
    der Troll, der Zwerg
    und das Weib, so im einsamen Wandern.

Ein Stein da droben stand.

    Dem haben sie eingeschrieben:
    Ich liebte dich doch.
    Ich liebe dich noch.
    Und: Lieben, lieben und *lieben*.

IN MEINEN TRÄNEN
HALT ICH DICH GEFANGEN

Wie einst

Ist's wahr, dass wir uns trennen müssen? …
Du beugst dein blondes Haupt – du weinst?
Du strafst mich nicht mit heißen Küssen –
wie einst?

Mein Herz vermag es nicht zu fassen,
dass du die Frage nicht verneinst!
So bin ich einsam und verlassen –
wie einst?

O löse mich vom düstern Harme,
und sag' dass du nur traurig *scheinst!*
O komm in meine treuen Arme –
wie einst!

Du winkst – ich sehe dich erblassen –
du senkst dein schönes Haupt – du weinst!
So bin ich einsam und verlassen –
wie einst.

Überetsch

Ich schaue von der Brücke aus das Gleis
den Berg erklimmen, den wir jüngst besucht.
    Mit leisem Plätschern zieht der Fluss …

Ein Pfiff. Ein Dröhnen. Und von oben rollt
ein Zug in unbeholfnem Trott herab.
    Mit leisem Plätschern zieht der Fluss …

Ja, dort, in solchem Zug auch, fuhren wir
unlängst – und unsrer Trennung Stunde zu.
    Mit leisem Plätschern zieht der Fluss …

Ich sehe dich im engen Wagenraum
mir gegenübersitzen, fast verstummt …
    Mit leisem Plätschern zieht der Fluss …

Nun ist er fort, der kleine Zug, auch er –
Ich stehe auf der Brücke, sinne noch …
    Mit leisem Plätschern zieht der Fluss …

So rollt vorüber Zeit und Los und Liebe –
Nein – Liebe nicht! Sie nicht! Oh Herz! Sie nicht! …
    Mit leisem Plätschern zieht der Fluss …

Vergebliches Warten

Du kommst heut nicht – –.
Ich schaue auf den Busch,
der seine schlanken Zweige herbstlich sträubt,
und wie die Heide rötlich mich umschwankt,
und wie die Landschaft sich in Abend hüllt, –
und reiße mir ein Büschel Heide aus,
von jener Stelle, da du sitzen solltest.
Du kommst heut doch nicht – –.
Und so will ich heim.

Nur ein Handkuss. Nichts darüber, –
denn ich will nicht deine Tränen,
will dich einst getröstet wähnen,
wenn ich wieder meerhinüber.

Deinen Mund will ich nicht küssen
– nüchternes Entsagungswort! –
Denn du sollst nicht leiden müssen –
und ich muss, *muss* wieder fort.

Ich möchte dich noch einmal sehn …

Ich möchte dich noch einmal sehn
und deine Hände küssen
und dich anflehn,
doch zu verstehn,
was so hat werden müssen.

Ich weiß ja, was ich dir getan
und was ich dir gewesen,
ich möchte deine Knie umfahn
bis all der Wehn, die dir geschahn,
dein liebes Herz genesen.

Du aber hältst dich fern im Groll
und willst nicht Frieden schließen.
Der Reue Zoll,
du willst, er soll
in Seufzern stumm zerfließen.

Lebensluft

Freiheit!
Freiheit!
Nur keine Liebe,
die ich nicht will,
nur keine Vogelschlingen
mich Liebender,
nur kein Handauflegen
den leichten Flügeln
der Seele!
Denn alle Liebe
will besitzen,
und ich
will nicht
besessen sein.

Romanze

(In memoriam A. R.)

Ein Mensch hat sich um meinethalb
durchs Herz geschossen.
Auf ewig liegt sein Antlitz falb
in meinen Schoß gegossen.

Was wollt ihr von mir? Geht, o geht!
die ihr den toten Mann nicht seht
von meinem Arm umschlossen.

Und hatt' ich ihn, weiß Gott, wie lieb, –
sein Vater mocht's nicht leiden.
Er zog die Hand von ihm und trieb
ihn so zum bittern Scheiden.

Was steht ihr um mich her und schaut?
Lasst ab, an eines Toten Braut
neugierig euch zu weiden.

Ich bin von euch getrennt fortan,
ein ander Wesen.
Von meines Liebsten Abschied kann
ich erst im Grab genesen.

Was fasst ihr mich? O rührt mich nicht!
In euren Augen funkelt Licht –
ihr könnt mein Leid nicht lesen.

An eine Freundin

Rief ich nicht dich an,
frühe schon, du Traumhinwandlerin!
Doch mein Sinn gewann
damals schon nicht deinen Sinn.

Großen Auges oft
folgtest du des Freundes Lebensschritt.
Doch wie er gehofft,
lebtest du ihn niemals mit.

Wände wie von Glas,
schreibst du selbst, umhüllen dich und Eis.
Hinter Fenstern saß
deine Seele, seit ich von ihr weiß.

An ***

Wie könnt' ich deine Seele trösten?
Es gibt nur *eine* Hilfe: Zeit.
Dem Kleinsten blühet wie dem Größten
        Vergessenheit.

Die Monde singen leis' in Schlummer
das bittre Schluchzen deiner Brust,
        und neue Lebenslust
wird – wenn du tief bist – bald dein einziger Kummer!

Deine Hand war kalt,
wie, was ich sprach.
Einer Welt Gestalt
zusammenbrach.
Gingen lächelnd fürbass,
ohne Lieb', ohne Hass.
Sprachen keiner ein Halt!
Suchten stumm und kalt
jeder sein Gemach.

Wer kann schlagen – außer der Liebe?
Wer dich ins Herz treffen – außer der Liebe?
Mir ward nie Übles – außer von Geliebten,
die ich mehr liebte als sie mich ...
Sie haben
mich hundertmal als wie mit blankem Schwert
gerichtet und vernichtet –
ohn' es selbst
auch nur zu ahnen,
oder – ahnten sie's –
so war's für sie ein Scherz, was mir ein Tod.

Was rufst du …

Was rufst du, traurig Herz! sei still!
Es kann nicht sein –
ergib dich drein.
Es kann nicht alles also sein,
wie deine Sehnsucht will.

Nimm Abschied, Herz, von deinem Traum,
er war zu schön.
Von lichten Höhn
wieder hinab
ins einsame Grab!
Schau, dort fliegt's,
was du geträumt …
Die Welle wiegt's
hinab zu Tal … –
Zerschäumt, zerschäumt!
Es war einmal …
O Dunst und Schaum!
Nimm Abschied, Herz, von deinem Traum,
er war zu schön.

Weine, mein Herz, soviel du magst,
klag und wein!
Es wird dein letztes Weinen sein
auf lang.
Ich weiß, dass du nicht fürder klagst,
wenn dieser Schmerz sich niederzwang.
Dann wirst du hart

und schweigst erstarrt …
Weine, mein Herz! klag und wein!
Es wird dein letztes Weinen sein
auf lang.

Frohsinn und Jubel ...

Frohsinn und Jubel überall –
in meinem Herzen kein Widerhall.
Ein bittres Zucken im harten Gesicht ...
Verzicht! Verzicht!

Dass mir kein Weib in die Augen schau, -
es könnte zu tief erschrecken.
Ich kenn auf Erden nur *eine* Frau –
die mag mich nicht – die mag mich nicht –.
Verzicht. Verzicht.

Und soll ich dich auch nie besitzen,
so will ich deinen Namen doch
ins Holz der Weltenesche schnitzen,
ein Zeugnis fernstem Volke noch.

So sollen tausend Herzen lesen,
die gern ein kleines Lied beglückt,
was du mir Einsamem gewesen,
wie du mich innerlichst entzückt.

Warum warst du so bleich heut, Geliebte,
als ich dich sah,
sag mir's im Traum, ja?
Bring deine Kümmernis
meinem horchenden Herzen nah.

Warum warst du, im Stillen Geliebte,
heut mir so hart?
Sag mir auch das, ja?
Komm! ach ich leide
nach deiner atmenden Gegenwart.

»In meinen Tränen halt ich dich gefangen,
als wie in einem Spiegel, der zu Perlen
zerrann – doch jede Perle Spiegel noch.

Im Spiegel meines Auges wohntest du.
Der Spiegel brach. Doch jede seiner Perlen,
als die er hintropft, – spiegelt noch dein Bild.«

Ist nicht genug des Schmerzes, – musst auch du
mich (nein, nicht wollend! nein! nicht wissend) quälen?

Was quälte nicht in dieser Tage Schwüle …

Ich mich (wie Gift), der Tag, die Nacht, die Ruh,
die Arbeit, Wetter, Speise – zwecklos Zählen!
Und nun noch du durch ach, so kluge Kühle.

O weine nicht! Ich weiß, ich tu dir weh,
weil ich ein Mensch bin, Launen hingegeben.
(So muss ein Mensch am andern stetig sterben:
das grub ich aus wie ein Gesetz im Leben.)
O weine nicht! Wenn ich dich weinen seh',
möcht' ich nie mehr um fremde Liebe werben.

O weine nicht! Ich weiß, ich tu dir weh.
Und sollte nur dir wohl zu tuen streben.
(So reichen Menschen sich den Kelch, den herben,
des Leidens, bis die Lippen bitter beben …)
O weine nicht! Wenn ich dich weinen seh',
möcht' ich mich selbst in jähem Groll verderben.

O weine nicht!

Und wenn du nun zur dunklen Ferne treibst,
als wie ein Blatt auf mitleidloser Welle, –
dass du mir, Teure, immer in der Helle
dem Leben dienender Gedanken bleibst!

Und war ich nur ein Funke, dir zu leuchten,
und war mein Gruß nur wie ein Wetterschein, –
o lass, wann Tränen je dein Auge feuchten,
ein Glänzen auch von ihm darinnen sein.

Vielleicht dass dann ein Licht dich sanft erhelle,
dass du der Sorge starke Herrin bleibst,
und nicht auf deines Tränenstromes Welle
zu Fernen, immer düstereren, treibst.

Abschied

›Es ist vielleicht das letzte Mal,
dass deine Hand in meiner ruht …
So nah dein Blut an meinem Blut …
O wüsstest du von meiner Qual!
Du aber lächelst hell und gut
mit deiner Augen stillem Strahl …
Du Wandrer weißt nicht, wie es tut:
Es ist vielleicht das letzte Mal!‹

Meine Füße sind rascher, –
aber mein Herz – o weh!
Mein Fuß ist ein Bach,
aber dein Herz ein See.
Ich lass dich zurücke,
aber um welchen Preis!
Dein Herz *hat* Tiefen –
von denen mein Herz nur – *weiß*.
In deinen Augen
sah ich sie leuchtend ruhn
und lief darüber
mit geflügelten Schuhn.

Samstagabend

Du fühlst den dunklen Samstagabendwinkel
der Woche nicht wie ich. Und wie ich doppelt
verlassen bin, von dir in ihm verlassen.

Im Weinschank drüben spielt ein Winzer Zither,
und frohes Volk singt halbe Nacht im Chore,
und ich entfliehe, fort, – es nicht zu hassen …

Abschied

Weißt, was mir träumte?
Wir nahmen Abschied
fürs Leben.
Deine Arme
umschlangen mich
und deine Lippen brannten
und bebten …
Brannten und bebten Verheißung
Einer Nacht,
einer chaotischen Nacht …
Irgendwo …
Irgendwann …
Vielleicht nicht einmal
auf dieser Erde …
Auf einem Stern vielleicht,
da Unschuld noch
in innerster Freiheit
nimmt und gibt
wie es sie drängt.
Und ich zog dich
enger an mich
und küsste dich inniger.
Dann endlich
löstest du langsam
die lieben Arme
und schürztest dein Haar
in den strengen Knoten zurück.
Ich legte den Mantel dir

um die Schultern.
Die Tür fiel zu.

Und drunten im Schnee
lief eine schmale Spur
magdlicher Stapfen
hinaus,
weit, weit …
in die mondhelle,
einsame Nacht.

Wie ist es nur gekommen,
dass wir uns liebgewannen?

Es hat uns hingenommen,
eh wir uns recht besannen.

Nun treibt es uns von dannen ...

Wie ist es nur gekommen ...

Zu diesem Band

*»Wir sind alle hart und äußerlich zueinander, auch wenn wir
noch so sehr aufeinander einzugehen trachten;
aber wenn wir getrennt in unsern Zimmern liegen und nachts
der Regen herniederfließt,
dann suchen wir uns im Geiste mit zärtlicher,
bereuender Teilnahme, dann drängen wir uns aneinander wie
unwissende und zusammenschauernde Preisgegebne auf
dunklem Meer, dann liebkosen und trösten sich unsere Seelen,
die der erkältende Tag wieder verstocken und verhärten wird,
dann lieben wir wirklich einander mit einer tiefen,
schwermütigen, unbezwinglichen Liebe.«*

Christian Morgenstern

Dichter werden gern, wie alle anderen Phänomene auch, in
bestimmte Kategorien eingeteilt und mit Labels versehen, die,
einmal festgestellt, oft auf lange Zeit hartnäckig haften blei-
ben. Da gibt es etwa den *Düsteren*, den *Intellektuellen*, den *Se-
raphischen* usw. Das erst jüngst hinterfragte Vorurteil, dass
große Lyrik nicht komisch sein kann, führt dann wie beim
1871 in München geborenen Christian Morgenstern zu zwei
Problemen: Erstens muss man anerkennen, dass sich gedank-
liche Tiefe und Humor nicht ausschließen und zweitens muss

man der Versuchung widerstehen, einen Dichter mit der entsprechenden Kategorie zu belegen. Morgenstern ist in diesem Sinne wohl neben Wilhelm Busch, Joachim Ringelnatz, neuerdings Heinz Erhardt und Robert Gernhardt und ein paar wenigen anderen des Deutschen liebster Verfasser komischer Lyrik. Und das natürlich mit recht: Wer kennt nicht das *Nasobem*, die *Möwe Emma*, den *Werwolf* und den *Lattenzaun hindurchzuschaun*? Im Gegensatz etwa zu Joachim Ringelnatz, der eigentlich nur noch als Gute-Laune-Dichter und gehobener Blödel gilt, ist es Morgenstern bei der Kategorisierung seiner Dichtkunst zwar etwas differenzierter wiederfahren, doch auch hier gibt es immer noch Missverständnisse und Vernachlässigtes. Früh hat etwa Kurt Tucholsky auf die tiefen Qualitäten seiner Nonsense-Lyrik hingewiesen:

»über Palmström, Korfen und Muhme Kunkel,« lache das Publikum »daß es eine Art hat. Es ist aber auch zu hübsch: man lacht sich krumm, bewundert hinterher, ernster geworden, eine tiefe Lyrik, die nur im letzten Augenblick ins Spaßhafte abgedreht ist – und merkt zum Schluß, daß man einen philosophischen Satz gelernt hat. So kommt es, daß es uns gar nicht mehr wundert, in Morgenstern Kantsche Sätze in Gedichtform zu finden. Morgenstern ist einfach hinreißend. Man weiß zum Schluß nicht, was man mehr bewundern soll: die Clownerie oder die tiefe Weisheit.« (Rezension zu *Der Gingganz*, 1919)

Die Ansicht allerdings, dass Morgenstern auch ein begnadeter und motivisch komplexer Liebeslyriker war, ist trotz einiger Rehabilitierungsversuche immer noch recht selten. Morgenstern dichtet anders, wenn es um die großen Gefühle geht. Es ist auffallend wie unironisch hymnisch bis melancholisch sich der Ton dieser Lyrik ausnimmt. Die Liebe war für Morgenstern eine ernste Sache. Dieser Eindruck bestätigt sich auch, wenn man sich die für diesen Band gewählten Rubriken-Motive betrachtet. *»Bist du, Herz, nicht trunken von so vielem Glück?«* handelt vom Schwelgen in Liebesglück, *»Die Mandellinie deiner Wange«* von der Schönheit des geliebten Menschen, *»Ach, Herz, wenn ich an diesen Abend denke«* lässt Erinnerungen an und Sehnsüchte nach (vergangener) Liebe aufleben, *»Das ist alles Traum, nur Traum«* erzählt von der Liebe im und als Traum, *»Ein Licht sind wir und ist von mir zu dir«* zeigt was erfüllende Liebe, tiefe Verbundenheit und Angekommen-Sein bedeutet, *»Im Funkenstrom von Leib zu Leib«* beinhaltet erotische Gedichte, *»Der Zweifel: wohnt in diesem Liebestranke«* beschreibt die zweifelhaft gewordene Liebe und schließlich wird der enttäuschten Liebe und dem Abschied in *»In meinen Tränen halt ich dich gefangen«* gehuldigt. In seinem Aphorismen-Band *Stufen* schreibt Morgenstern: »Ich halte es nicht für das größte Glück, einen Menschen ganz enträtselt zu haben, ein größeres noch ist, bei dem, den wir lieben, immer neue Tiefen zu entdecken, die uns immer mehr die Unergründlichkeit seiner Natur nach ihrer göttlichen Seite hin offenbaren.« Einen Menschen enträtseln wollte er aus guten Gründen nicht, aber die Liebe als unwahrscheinliche Kraft und Geheimsprache zwischen zwei Menschen zu dechiffrieren helfen, das hat Morgenstern wohl ganz romantisch als Aufgabe des Poeten betrachtet.

ALPHABETISCHES VERZEICHNIS DER GEDICHTÜBERSCHRIFTEN UND -ANFÄNGE

Bibliografische Information der Deutschen Nationalbibliothek
Die Deutsche Nationalbibliothek verzeichnet diese Publikation in der Deutschen
Nationalbibliografie; detaillierte bibliografische Daten sind im Internet über
http://dnb.d-nb.de abrufbar.

© by marixverlag in der Verlagshaus Römerweg GmbH, Wiesbaden 2016
Redaktion: Katharina Kallenborn, Anna Schloss, David Zettler
Covergestaltung: Kerstin Göhlich, Wiesbaden
Bildnachweis: *Le Mensonge Intimite 1* (1897) von
Felix Vallotton
Satz und Bearbeitung: SATZstudio Josef Pieper, Bedburg-Hau
Der Titel wurde in der Minion Pro gesetzt.
Gesamtherstellung: CPI books GmbH, Leck – Germany

ISBN: 978-3-7374-1003-8

www.verlagshaus-roemerweg.de